쉽게 배우는 한국어

집필	손재은
	한양대학교 외국인을 위한 한국어 교육 석사
	한양대학교 국어국문학 박사
	건국대학교 언어교육원 강사
	박혜란
	건국대학교 국어교육 석사
	건국대학교 국어국문학 박사
	건국대학교 언어교육원 강사
삽화	홍인기
표지디자인	김인혜

쉽게 배우는 한국어 (중급)

1판1쇄	찍은날	2021년 2월 15일
	펴낸날	2021년 2월 20일
지은이	손재은 · 박혜란	
펴낸이	전영재	
기획총괄	유상우	
편집	임경희	
펴낸곳	건국대학교출판부	

등록 / 제4-3호(1971. 6. 21)
주소 / 05029, 서울특별시 광진구 능동로 120
전화 / 편집팀_(02) 450-3891~2 영업팀_(02) 450-3893
팩스 / (02)457-7202
홈페이지 / http://press.konkuk.ac.kr
e-mail / press@konkuk.ac.kr

찍은곳 네오프린텍(주)
정가 11,000원

ⓒ 손재은 · 박혜란, 2021

ISBN 978-89-7107-761-0 13710

* 이 책의 전부 또는 일부를 재사용하려면
  저자와 건국대학교출판부 양쪽의 동의를 받아야 합니다.
* 잘못된 책은 바꾸어 드립니다.

쉽게 배우는 한국어

손재은 · 박혜란 / 공저

건국대학교출판부

머리말

『쉽게 배우는 한국어 중급』은 중급에서 꼭 필요한 주제와 핵심 문법을 선별하여 만든 통합교재입니다. 그렇기 때문에 유학생 또는 교환학생 수업이나 단기 어학연수생 수업처럼 짧은 기간에 중급 한국어를 배우고자 하는 학생들의 수업에서 활용도가 매우 높습니다.

본 교재는 총 10과로 이루어져 있고, 교재의 단원 구성은 표현과 문법, 활동으로 이루어져 있습니다. 표현에서는 각 과의 주제와 관련된 표현이나 단어를 배우고 문장의 빈칸에 맞는 단어를 넣는 활동을 통하여 배운 것을 이해했는지 확인할 수 있게 하였습니다. 그 다음으로 표현이 들어간 질문과 이에 대한 답변을 통해 학생들이 배운 표현을 적절하게 사용할 수 있는지에 대한 연습이 가능하도록 하였습니다.

문법은 중급에서 다루어지는 문법 중 핵심 문법을 선별한 후, 한 과에 하나의 문법을 넣었습니다. 그리고 문법을 배운 후 그림을 보고 스스로 문장을 만드는 능력을 키울 수 있게 구성하였습니다.

과의 마지막에 배운 표현과 문법을 활용할 수 있는 활동을 넣었습니다. 활동은 말하기와 쓰기를 중심으로 구성하였는데, 학생들이 배운 표현과 문법을 사용하여 직접 이야기를 만들어 발표를 하는 것까지가 활동의 과정으로 이루어져 있습니다.

『쉽게 배우는 한국어 중급』을 통해 중급과정을 공부하는 학생들이 좀 더 쉽게 중급 한국어를 공부할 수 있기를 바랍니다. 또한 이 교재의 출판을 도와주신 건국대학교출판부에도 감사의 마음을 전합니다.

저자 일동

| 과 구성표 |

쉽게 배우는 한국어 중급

과	제목	주제	표현	문법	활동
1	아무리 바빠도 밥은 먹어야지	학교생활	학교생활용어	(아무리) -아도	• 대화 만들기 • 마리의 대학생활 말하기
2	유쾌할 뿐만 아니라 마음이 따뜻한 사람이야	성격	성격 표현	-을 뿐만 아니라	• 친구의 성격 말하기
3	여행을 갈까 고민 중이에요	고민	감정 표현	-을까 (-을까)	• 고민 상담하기
4	거기 김밥이 맛있었던 것 같아	배달	배달 표현	-았던 것 같다	• 배달 문화 소개하기
5	변기가 막혔나 봐요	고장과 수리	고장 표현	-나 보다	• 역할극 하기
6	폭염주의 문자를 받았거든	날씨	날씨 표현	-거든(요)	• 자기 나라 날씨 소개하기
7	휴가철이라서 그런지 기차표가 없어요	여행	교통편과 숙소	-아서 그런지	• 여행 계획 세우기
8	친구들하고 갔었는데 한번 가 볼 만해요	장소	가 보면 좋을 곳	-아 볼 만하다	• 여행지 소개하기
9	원숭이도 나무에서 떨어질 때가 있잖아요	속담	속담		• 대화 만들기
10	한국어를 공부하는 김에 한국 시도 읽어 보려고요	시	시 표현	-는 김에	• 패러디하기

차 례

- 머리말_4
- 과 구성표_5

제1과	아무리 바빠도 밥은 먹어야지	7
제2과	유쾌할 뿐만 아니라 마음이 따뜻한 사람이야	13
제3과	여행을 갈까 고민 중이에요	19
제4과	거기 김밥이 맛있었던 것 같아	25
제5과	변기가 막혔나 봐요	31
제6과	폭염주의 문자를 받았거든	37
제7과	휴가철이라서 그런지 기차표가 없어요	43
제8과	친구들하고 갔었는데 한번 가 볼 만해요	49
제9과	원숭이도 나무에서 떨어질 때가 있잖아요	55
제10과	한국어를 공부하는 김에 한국 시도 읽어 보려고요	59

- 교재 정답_64
- 새 단어_69

제1과 아무리 바빠도 밥은 먹어야지

피터: 우리 학식에 가자.
수잔: 나는 하루 종일 수업이 있어서 바빠.
피터: 아무리 바빠도 밥은 먹어야지.
수잔: 그럼 빨리 학식에 다녀오자.

질문에 답하세요.

1. 여러분은 보통 어디에서 식사를 해요?

2. 수업이 많을 때 보통 무엇을 먹어요?

3. 여러분의 수업 시간표를 말해 보세요.

◎ 표현을 배워 봅시다.

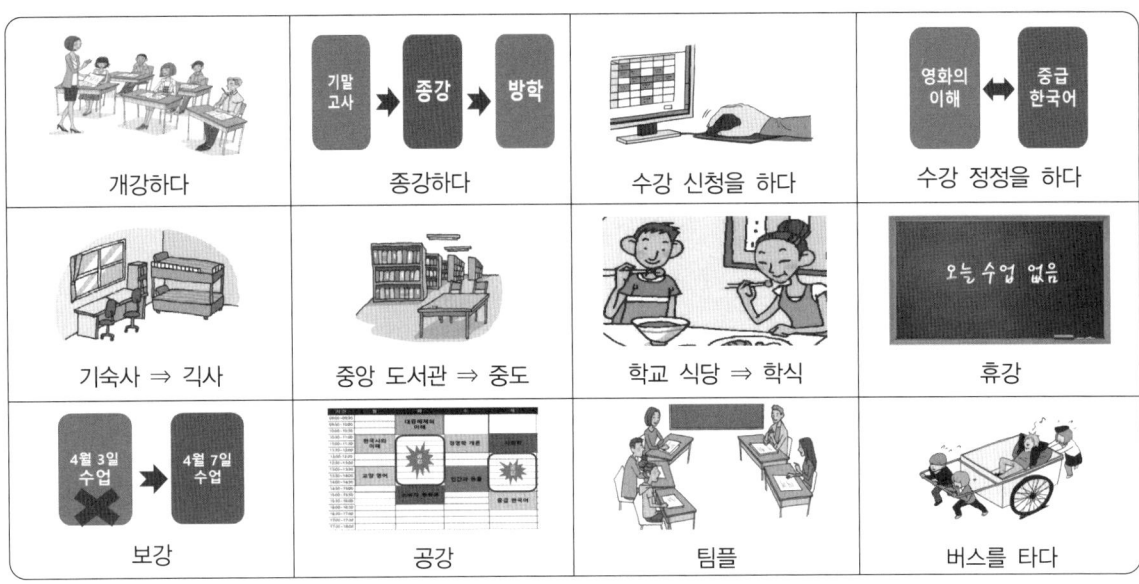

◎ 빈칸에 알맞은 표현을 넣어 보세요.

1) 가: 이번 학기 (   )-았/었어?
   나: 아니. 무슨 과목을 들어야 할지 몰라서 아직 못 했어.

2) 가: 이번에 개봉한 영화 정말 재미있대. 같이 영화 보러 가자.
   나: 미안해. 다음 주에 시험이 있어서 (   )에 가야 돼.

3) 교수: 여러분, 다음 주에 (   )을/를 하겠습니다.
         (   )은/는 날을 잡아 말씀드릴게요.

4) 가: 나는 여러 명이 같이 하는 (   )이/가 너무 재미있어.
   나: 그래? 난 아무것도 안 하고 그냥 (   )-(으)려고 하는 애들 때문에 짜증이 나.

5) 가: 배가 고픈데 뭘 먹을까?
   나: 그냥 (   )에서 먹자. 가격도 저렴하고 맛도 좋아.

6) 가: 이 과목은 (   )-아/어야겠어.
   나: 왜? 수업이 어려워?
   가: 매주 과제가 있대.

새단어   과목   개봉하다   날을 잡다   짜증이 나다   저렴하다   과제

질문에 답하세요.

1) 보통 몇 월에 **개강**을 해요?

2) 왜 **수강 정정**을 해요?

3) **기숙사**의 장점과 단점을 말해 보세요.

4) **팀플 하는** 것을 좋아해요? 그 이유는 뭐예요?

5) 팀플 할 때 **버스를 타는** 학생들을 보면 어때요?

6) **공강**일 때 뭐 하면서 시간을 보내요?

7) **학식**에서 주로 먹는 메뉴는 뭐예요?

8) 갑자기 **휴강**을 하면 여러분은 뭘 해요?

배운 표현을 사용해서 대화를 만들어 보세요.

상황

가: _____

나: _____

가: _____

나: _____

가: _____

나: _____

가: _____

나: _____

문법을 배워 봅시다.

(아무리) -아도 앞 문장의 내용과 상관없이 어떤 행동을 하거나 어떤 상태라고 말할 때 사용한다.

- 아무리 **노력해도** 안 되는 일이 있어요.
- 피터는 **힘들어도** 힘들다고 말하지 않아.
- 아무리 **바빠도** 부모님께 안부 전화를 드리세요.
- 응아는 아무리 **추워도** 아침 운동을 잊지 않고 해요.

배운 문법을 사용해서 이야기해 보세요.

1) 왜 이렇게 기분이 안 좋아요?

2) 점심을 먹었는데 또 먹어요?

3) 주말이었는데 푹 자지 않았어요?

4) 옷이 많은데 또 쇼핑을 해요?

5) 방이 더럽지만 청소하기가 귀찮아요.

6) 제가 시간이 없어서 식사를 못 했어요.

새단어 안부

◎ 위 그림을 보고 문장을 만들어 보세요.

1) _____

2) _____

3) _____

4) _____

5) _____

6) _____

◎ 다음은 마리의 하루입니다. 마리의 대학 생활을 이야기해 봅시다.

_____
_____
_____
_____
_____
_____
_____

제1과 아무리 바빠도 밥은 먹어야지

제2과 유쾌할 뿐만 아니라 마음이 따뜻한 사람이야

응아: 네 남자 친구는 정말 유쾌한 사람인 것 같아.

수잔: 유쾌할 뿐만 아니라 마음도 따뜻해.

응아: 정말 부러워. 내 남자 친구는 좀 무뚝뚝한 편인데.

질문에 답하세요.

1. 여러분의 성격은 어때요?

2. 여러분의 가장 친한 친구의 성격은 어때요?

3. 어떤 성격의 사람이 좋은지 말해 보세요.

새단어 유쾌하다   무뚝뚝하다

◐ 성격 표현을 배워 봅시다.

◐ 빈칸에 알맞은 표현을 넣어 보세요.

1) 가: 우리 아이는 사람을 처음 만나면 (　　　　　)-아/어서 걱정이에요.
   나: 아직 어려서 그래요. 크면 괜찮아질 거예요.

2) 가: 건우는 어떤 사람이야? 인상이 (　　　　　)-아/어 보여.
   나: 그렇게 보이지만 보기와 다르게 따뜻한 사람이야.

3) 가: 앙리 씨는 무서운 영화를 잘 봐요?
   나: 아니요, 저는 (　　　　　)-아/어서 무서운 영화를 잘 못 봐요.

4) 가: 두 사람이 사귀는 걸 어떻게 알았어?
   나: 둘이 (　　　　　)-게 손을 잡고 걸어가더라고.

5) 가: 너무 작은 일에 걱정을 많이 하는 거 아니에요?
   나: 제가 보기와 다르게 아주 (　　　　　)-(으)ㄴ 편이에요.

6) 가: 내 동생은 너무 (　　　　　)-아/어서 자주 지각을 해.
   나: 그거 습관이 되면 안 좋은데.

새단어　인상

질문에 답하세요.

1) 부모님의 **성격**은 어떠세요?

2) **겁이 많으면** 무엇을 못할까요?

3) 남자(여자) 친구가 **다정한** 편이에요?

4) **게으른** 친구에게 뭐라고 이야기해 주고 싶어요?

5) 여러분 주변에서 가장 **유쾌한** 사람은 누구예요?

6) 여러분은 언제 **소심한** 편이에요?

7) 여러분은 사람을 처음 만났을 때 **낯을 가리는** 편이에요?

8) 어떤 사람을 **도도하다고** 할까요?

여러분은 어떤 성격을 가진 사람이 되고 싶어요? 이야기해 보세요.

저는 _____-(으)ㄴ 성격을 가지고 싶어요.

왜냐하면 _____-기 때문이에요.

◐ 문법을 배워 봅시다.

-을 뿐만 아니라   앞의 것 말고 다른 것이 하나 더 있다고 말할 때 사용한다.

- 제 동생은 **게으를 뿐만 아니라** 무뚝뚝해요.
- 학식은 **맛있을 뿐만 아니라** 가격도 저렴해요.
- 건우는 공부를 **잘할 뿐만 아니라** 운동도 잘해요.
- 지영은 어렸을 때 **예뻤을 뿐만 아니라** 귀여웠어요.
- 앙리는 외국인이지만 **비빔밥뿐만 아니라** 김치도 잘 먹어요.

◐ 배운 문법을 사용해서 이야기해 보세요.

1) 그 가수는 노래를 잘해요?

2) 어디 안 좋아요?

3) 그 음식이 어땠어요?

4) 내일 날씨가 어떻대요?

5) 수잔 씨는 수영을 좋아해요?

6) 유리코는 주말에 뭘 할 거예요?

◗ 위 그림을 보고 문장을 만들어 보세요.

1) _____

2) _____

3) _____

4) _____

5) _____

6) _____

◗ 친구를 소개해 봅시다.

이 사람은 제 친구예요. 저는 친구와 고등학교 때 처음 만났어요. 친구의 첫인상은 차가워 보였어요. 하지만 사귀어 보니까 성격이 너무 좋았어요. 제 친구는 잘생겼을 뿐만 아니라 성격이 활발해요. 그리고 저를 잘 챙겨줘요. 저는 친구와 일주일에 한 번 만나요. 우리는 만나서 같이 쇼핑을 하거나 밥을 먹고 노래방에 가요.

↓

내 친구

새단어   챙기다

제3과 여행을 갈까 고민 중이에요

수잔: 앙리 씨는 방학하면 고향에 돌아가요?
앙리: 고향 친구들이 그리워서 돌아갈까 생각 중이에요. 수잔 씨는요?
수잔: 저는 서울에 그냥 있을까 여행을 갈까 고민 중이에요.
앙리: 서울에 있는 것보다 여행을 가는 게 낫지 않아요?

질문에 답하세요.

1. 여러분은 언제 고향에 돌아가요?

2. 여러분은 지금 무슨 고민이 있어요?

3. 여러분은 방학에 계획이 있어요?

➜ 감정 표현을 배워 봅시다.

➜ 빈칸에 알맞은 표현을 넣어 보세요.

1) 가: 왜 이렇게 떨고 있어요?
   나: 발표를 망칠까 봐 (   )-아/어서요.

2) 가: 오랫동안 외국에서 생활하다 보니까 고향이 너무 (   )-아/어요.
   나: 외국 생활한 지 얼마나 됐어요?
   가: 벌써 7년이 됐어요.

3) 가: 오래간만에 본 영화인데 너무 (   )-았/었어요.
   나: 저도요. 보면서 계속 졸았어요.

4) 가: 주말에 보통 뭐 해요?
   나: 뭘 하는 것이 너무 (   )-아/어서 집에서 움직이지 않아요.

5) 가: 오늘 저녁에 우리 아이들 좀 부탁해요.
   나: (   )-고 다녀오세요. 제가 잘 돌볼게요.

새단어 망치다   움직이다   돌보다

6) 가: 새로 산 핸드폰을 잃어버려서 너무 (   )-아/어요.
   나: 어떡해요. 어디에서 잃어버렸는지 알아요?

7) 가: 작년에는 가족들이 내 생일을 기억하지 못했어.
   나: 정말? 너무 (   )-았/었겠다.

8) 가: 이번 전시회는 정말 성공적인 것 같아요.
   나: 네, (   )-(으)ㄴ 전시회였어요.

9) 가: 저 드라마에서 두 사람은 무슨 관계야?
   나: 모르겠어. 관계가 너무 (   )-아/어서 이해하기 힘들어.

10) 가: 뭘 그렇게 (   )-아/어요?
    나: 이걸 사야 할지 말아야 할지 고민 중이에요.

11) 가: 가족 없이 혼자 사니까 정말 (   )-아/어요.
    나: 그럼 나랑 우리 동아리에 갈래요? 동아리에 가면 많은 친구들을 사귈 수 있어요.

12) 가: 언제 한국 생활이 제일 힘들었어요?
    나: 한국어를 못해서 (   )-았/었을 때예요.

질문에 답하세요.

1) 제일 하기 **귀찮은** 일이 뭐예요?

2) 자주 **망설이게** 되는 일이 있어요?

3) **불안할 때** 하는 행동이 있어요?

4) 언제 가장 **외롭다고** 느껴요?

5) 부모님이나 친구들이 **그리울 때** 어떻게 해요?

6) 친구에게 **섭섭하다고** 느낄 때가 있었어요?

7) 여러분의 비밀을 **안심하고** 말할 수 있는 사람이 있어요?

| 새단어 | 기억하다 | 성공적 | 전시회 | 관계 | 동아리 |

◯ 문법을 배워 봅시다.

> **-을까 (-ㄹ까)** 말하는 사람이 정확하게 결정을 내리지 못할 때 사용한다.
> - 유학을 **갈까** 취직을 **할까** 고민 중이에요.
> - 방학에 유럽 여행을 **갈까 말까** 고민하고 있어요.
> - 경영학을 **전공할까** 국제무역을 **전공할까** 생각하고 있어요.
> - 지난주에 친구와 싸웠는데 먼저 **전화할까 (말까)** 망설이고 있어요.

◯ 배운 문법을 사용해서 이야기해 보세요.

1) 여러분은 아침마다 무슨 고민을 해요?

2) 지금 뭘 고민하고 있어요?

3) 이번 주말에 뭘 할 거예요?

4) 뭘 망설이고 있어요?

5) 방학에 무슨 계획이 있어요?

6) 어느 회사를 선택할 거예요?

◯ 위 그림을 보고 문장을 만들어 보세요.

1) _____

2) _____

3) _____

4) _____

5) _____

6) _____

새단어 유학   취직   경영학   전공하다   국제무역

🔸 한국에서 생활하는 외국 학생들의 고민입니다. 어떻게 해야 할까요?

한국 음식이 너무 입에 맞지 않아서 고민이에요. 제가 직접 요리를 할까 말까 고민도 했지만 기숙사에 살기 때문에 요리도 어려워요.

→ 이렇게 해 보세요!
_____
_____
_____
_____

같이 사는 룸메이트와 성격이 안 맞아서 걱정이에요. 룸메이트는 늦게 잠을 자는데 늦은 시간까지 불도 환하게 켜 놓아요. 그리고 노래를 큰 소리로 부르는데 정말 짜증이 나요. 이 상황을 참을까 이사를 갈까 고민 중이에요.

→ 이렇게 해 보세요!
_____
_____
_____
_____

새단어   입에 맞다   환하다

제4과 거기 김밥이 맛있었던 것 같아

수잔: 배고픈데 우리 할머니 식당에서 시켜 먹을까?
응아: 거기 김밥이 맛있었던 것 같아.
피터: 떡볶이도 괜찮았던 것 같은데 내가 배달앱으로 시킬게.

질문에 답하세요.

1. 여러분은 주로 무엇을 배달시켜 먹어요?

2. 배달을 시킬 때 어떻게 주문을 해요?

3. 여러분 나라에서도 배달을 자주 시켜요?

새단어 배달앱

🔸 배달 표현을 배워 봅시다.

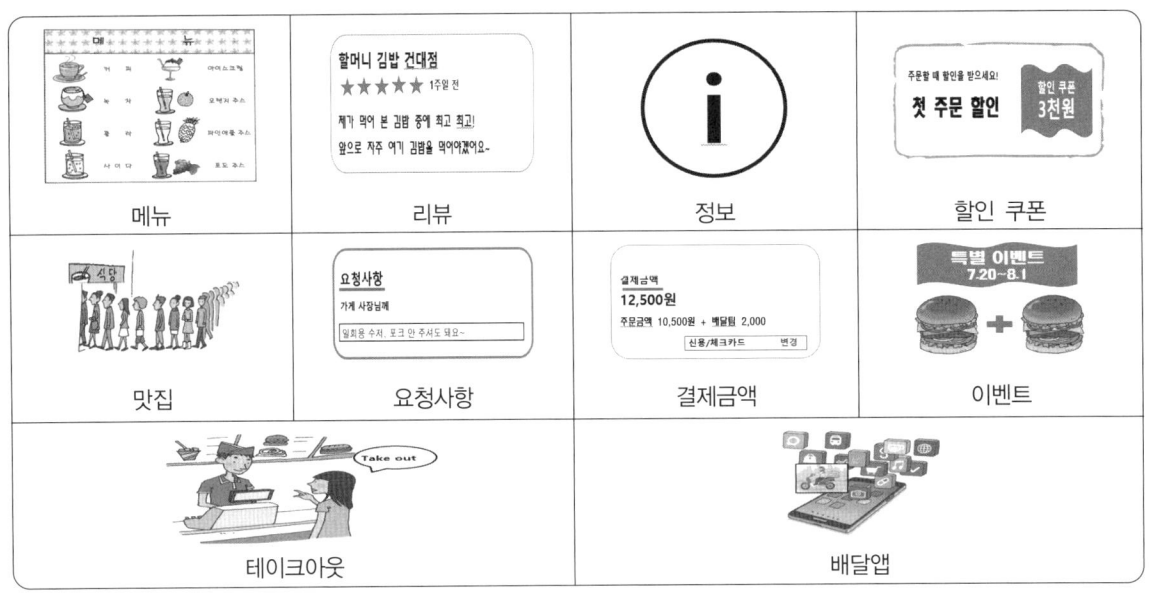

🔸 빈칸에 알맞은 표현을 넣어 보세요.

1) 가: 우리 오늘 저녁에 치킨을 시켜 먹는 게 어때?
   나: 좋아. 건우야, 네가 잘 아니까 (　　　　　)(으)로 시켜 줄래?

2) 가: 우리 오늘 닭갈비를 먹으러 갈래? 나한테 50% (　　　　　)이/가 있거든.
   나: 좋아. 나 닭갈비 진짜 좋아해!

3) 가: 이따가 기숙사에 가다가 피자를 사 가지고 갈까?
   (　　　　　)을/를 하면 10% 할인해 준대.
   나: 그래. 그럼 콜라도 같이 사자!

4) 가: 요즘 일회용품 사용을 줄이는 운동을 하고 있는 것 같아요.
   나: 그래서 나도 배달 음식을 시킬 때 (　　　　　)에 일회용품이 필요 없다고 써.

5) 가: 우리 학교 근처에는 (　　　　　)이/가 진짜 많은 것 같아.
   나: 맞아. 이렇게 맛있는 음식을 매일 먹으니까 살이 찔 거야.

6) 가: 지난번에 인터넷으로 산 물건 어땠어?
   나: 물건이 좋다는 (　　　　　)을/를 보고 샀는데 나는 별로였어. 그래서 반품했어.

새단어　일회용품　　반품하다

질문에 답하세요.

1) 학교 주변에 **맛집**이 어디예요?

2) 여러분은 배달앱에서 어떤 **메뉴**를 자주 시켜요?

3) **배달앱**을 사용할 때 **요청사항**에 무엇을 적어요?

4) 여러분 나라에서 자주 사용하는 **배달앱**은 뭐예요?

5) 여러분은 어떤 **이벤트**에 참여해 봤어요?

6) 인터넷으로 물건을 살 때 다른 사람의 **리뷰**를 보는 편이에요?

7) 여러분은 가게에 직접 가서 먹는 것을 좋아해요? **테이크아웃**을 좋아해요?

8) 식당의 **정보**를 얻고 싶으면 어떻게 해요?

➲ 문법을 배워 봅시다.

-았던 것 같다 정확히 기억나지 않는 과거의 일을 추측해서 표현할 때 사용한다.

- 작년 여름이 정말 **더웠던 것 같아요**.
- 그날 나는 정말 운이 **좋았던 것 같다**.
- 지난 주말에 극장에서 그 사람을 **봤던 것 같다**.
- 제 친구는 초등학교 때 키가 꽤 **컸던 것 같아요**.

➲ 배운 문법을 사용해서 이야기해 보세요.

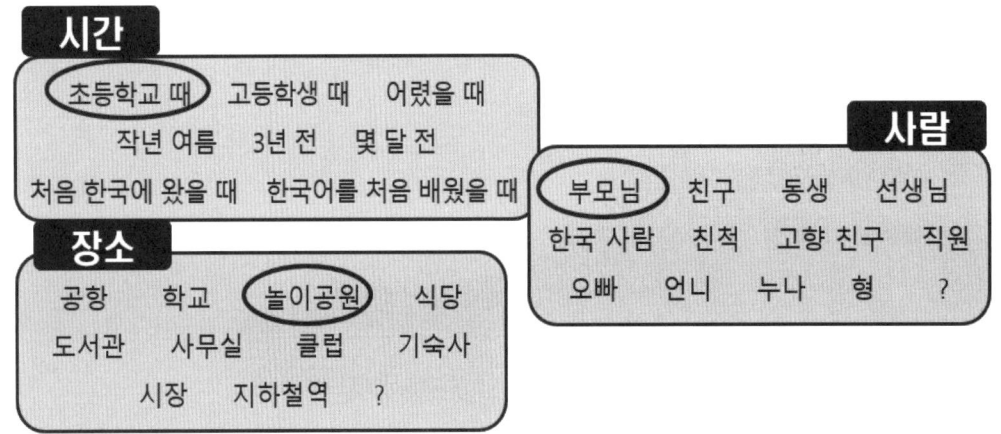

보기

저는 **초등학교 때 부모님**과 **놀이공원**에 놀러 간 적이 **없었던 것 같아요**.
놀이공원에 가는 대신에 부모님과 등산을 많이 **다녔던 것 같아요**.

1) _____
2) _____
3) _____
4) _____
5) _____
6) _____

◯ 자기 나라의 배달 문화를 소개해 봅시다.

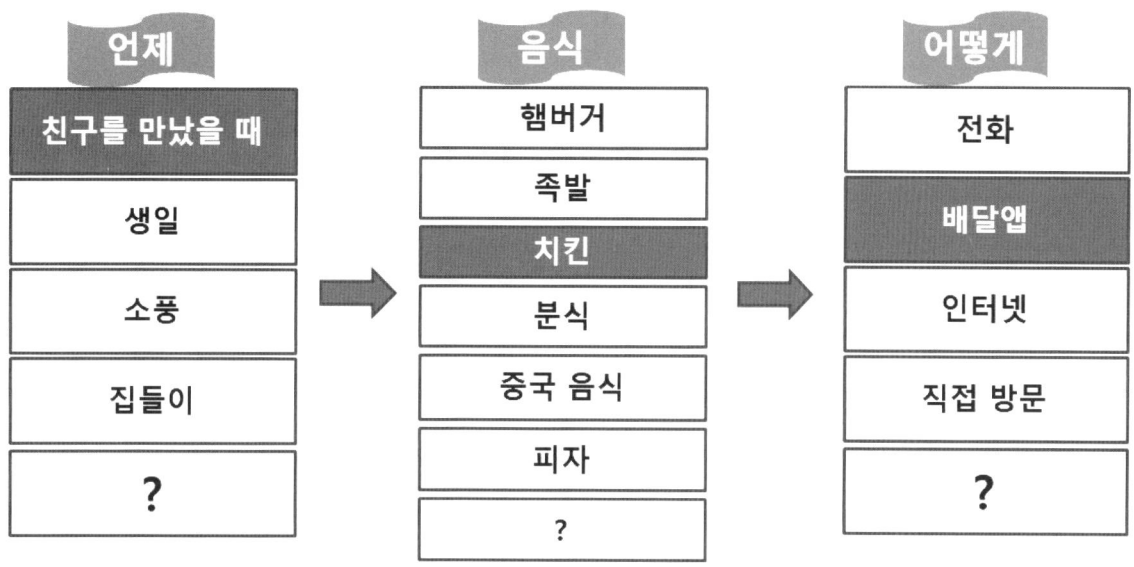

　우리나라 사람들이 친구를 만났을 때 자주 먹는 것은 치킨이다. 치킨은 종류가 많을 뿐만 아니라 맛도 다 다르다. 그래서 사람들은 다양한 치킨을 자주 시켜 먹는다. 예전에는 보통 전화로 주문을 했지만 요즘은 주로 배달앱을 사용한다. 그리고 배달앱으로 주문하면 할인 쿠폰을 받을 수 있을 뿐만 아니라 집 앞까지 가져다주니까 정말 편하다.

⬇

_____
_____
_____
_____
_____
_____
_____

제5과 변기가 막혔나 봐요

앙리: 물이 안 내려가는 걸 보니 변기가 막혔나 봐요.
건우: 변기가 막혔다고요?
앙리: 네, 이걸 어떻게 하지요?
건우: 관리실 아저씨한테 연락해 봐야겠어요.

질문에 답하세요.

1. 변기가 막혀서 고생한 적이 있어요?

2. 한국에서 집에 문제가 생기면 누구에게 이야기해요?

3. 여러분 나라에서 어떤 것이 고장나면 어떻게 해요?

새단어 막히다   관리실

◉ 표현을 배워 봅시다.

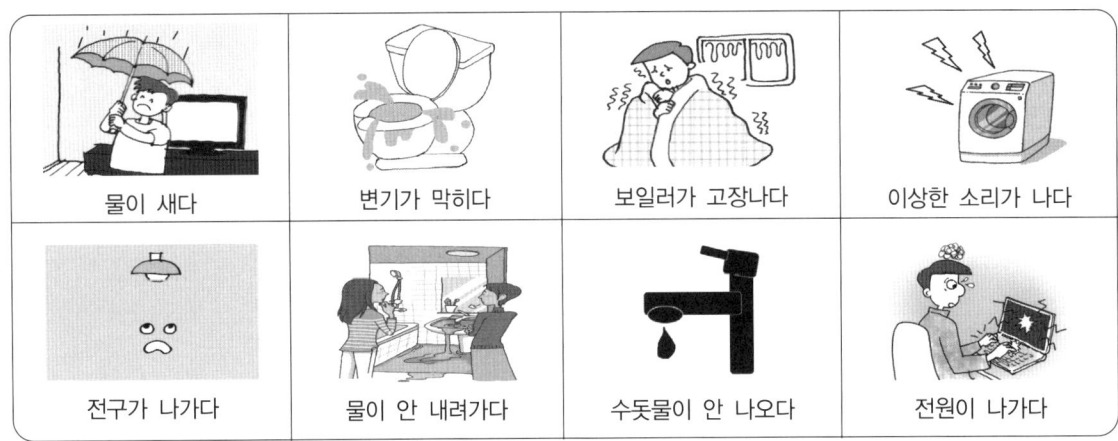

| 물이 새다 | 변기가 막히다 | 보일러가 고장나다 | 이상한 소리가 나다 |
| 전구가 나가다 | 물이 안 내려가다 | 수돗물이 안 나오다 | 전원이 나가다 |

 →  →

A/S 센터 → A/S 접수 → 수리하다 / 고치다

◉ 빈칸에 알맞은 표현을 넣어 보세요.

1) 가: 우리집 냉장고가 좀 이상해요.
   나: 왜요? 무슨 일이 있어요?
   가: 갑자기 냉장고에서 (   )-아/어요.
      그 소리 때문에 잠을 못 자겠어요.

2) 가: 건우 씨, 갑자기 (   )-았/었는데 어떡해요?
      너무 어두워서 앞을 볼 수가 없어요.
   나: 제가 전구를 사서 바로 갈게요. 조금만 기다려요.

3) 가: 내일 1시부터 4시까지 공사를 해서 (   )-(느)ㄴ대요.
   나: 그래요? 그 시간에는 물을 사용하면 안 되겠어요.

4) 가: 왜 이렇게 춥지? 피터, (   )-(으)ㄴ 것 같아.
   나: 그러네. 당장 (   )에 전화할게.
   가: 고마워.

새단어 공사   당장

32 쉽게 배우는 한국어 중급

5) 가: 미안해. 화장실 (　　　　　　　　)-았/었어.
   나: 아이고, 또? 그 화장실은 정말 문제야.

6) 가: 음식물 때문에 (　　　　　　　　)-아/어요.
   나: 그러니까 음식물을 따로 버린 후에 설거지를 해야 해요.

7) 가: 벽에 웬 얼룩이지?
   나: 위층에서 (　　　　　　　　)-는 것 같은데요.

8) 가: 이상하다! 갑자기 컴퓨터가 작동을 안 해.
   나: (　　　　　　　　)-(으)ㄴ 것 같은데 한번 다시 켜봐.

9) 가: 보일러를 (　　　　　　　　)-(으)려면 얼마나 걸릴까요?
   나: 오늘 A/S 접수하시면 이번 주 안으로 가능합니다.

질문에 답하세요.

1) **물이 새서** 고생한 적이 있어요?

2) **전구가 나가면** 누가 전구를 갈아요?

3) **보일러가 고장이 나면** 어떻게 해요?

4) 기계에서 **이상한 소리가 난** 적이 있어요?

5) **전원이 나가서** 당황한 적이 있어요?

6) 샤워를 하다가 갑자기 **물이 안 나오면** 어떻게 해요?

새단어　웬 N　얼룩　작동하다　접수하다　고객　가능하다　당황하다

◗ 문법을 배워 봅시다.

> **-나 보다**　어떤 사실을 보고 들은 후에 어떤 동작이나 상태를 추측할 때 사용한다.

- 조용한 걸 보니 아이들이 **자나 봐요**.
- 책이 많은 걸 보니 책을 많이 **읽나 봐요**.
- 저렇게 크게 웃는 걸 보니 정말 **좋은가 봐요**.
- 앙리 씨가 오늘도 학교에 안 온 걸 보니 많이 **아픈가 봐요**.

◗ 배운 문법을 사용해서 이야기해 보세요.

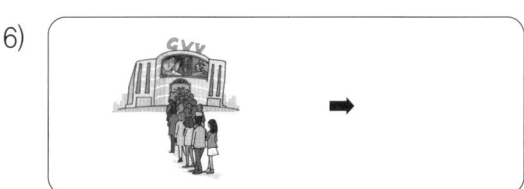

◗ 위 그림을 보고 문장을 만들어 보세요.

1) _____

2) _____

3) _____

4) _____

5) _____

6) _____

◗ 아래 상황으로 대화를 만들어 봅시다.

과	역할1	역할2
1	**보일러가 고장 나서 전화한 학생** • 날씨가 추운데 갑자기 보일러가 고장이 났다. • 보일러 때문에 따뜻한 물도 안 나오고 방도 춥다.	**보일러 때문에 전화를 받은 집주인** • 보일러를 고친 지 얼마 안 된 것 같은데 또 고장이 나서 속상하다.
2	**갑자기 전구가 나가서 당황하는 여학생** • 남자 친구에게 전구를 갈아달라고 부탁한다.	**여자 친구에게 전구를 갈아달라는 전화를 받은 남학생** • 중요한 과제를 하고 있는데 전화를 받아서 조금 짜증이 난다.
3	**핸드폰이 고장이 나서 A/S 센터에 전화한 사람** • 어떻게 A/S를 받을 수 있는지 물어본다.	**고객의 질문에 답변하는 A/S센터 직원** • A/S 받을 수 있는 방법을 안내한다.
4	?	?

제6과 폭염주의 문자를 받았거든

응아: 오늘 운동을 못하겠지?
수잔: 왜 운동을 할 수 없어?
응아: 폭염주의 문자를 받았거든. 오늘 최고기온이 35도까지 올라간대.
수잔: 그래? 오늘은 나도 외출을 하지 말아야겠어.

질문에 답하세요.

1. 여러분 나라에서도 폭염주의 문자가 와요?

2. 여러분 나라에서 가장 더울 때는 보통 몇 도예요?

3. 여러분 나라의 계절에 대해 이야기해 보세요.

새단어 폭염

◉ 표현을 배워 봅시다.

| 봄 | 여름 | 가을 | 겨울 |

꽃샘추위

폭염

단풍

폭설

폭우

수확

한파

미세먼지

열대야

◉ 빈칸에 알맞은 표현을 넣어 보세요.

1) 가: 요즘 장마라서 (　　　　　)이/가 쏟아지네요.
   나: 그러게요. 이렇게 비가 오다가는 홍수가 나겠어요.

2) 가: 오늘 체감 온도가 40도래요. (　　　　　)(이)니까 조심하라는 문자가 왔더라고요.
   나: 저도 받았어요. 이번 여름은 정말 더운 것 같아요.

3) 가: 어제는 날씨가 따뜻해지는 것 같더니 오늘은 또 춥네요.
   나: 한국에서는 이런 날씨를 (　　　　　)(이)라고 해요.

4) 가: 아까 학교에 오는 길에 봤는데 길에 (　　　　　)이/가 정말 예쁘더라.
   나: 그래? 이따 사진 찍으러 갈래? 나무 아래에서 사진을 찍으면 예쁠 거야.

5) 가: 날씨가 안 좋은데 마스크를 안 쓰고 나왔어?
   나: 응. 오늘 (　　　　　)이/가 이렇게 심할 줄 몰랐어.

6) 가: 강원도에 (　　　　　)이/가 내려서 마을로 들어가는 길이 끊겼대요.
   나: 정말요? 눈이 그렇게 많이 왔어요?

새단어　홍수　체감　끊기다

질문에 답하세요.

1) 여러분 나라에도 **꽃샘추위**라는 말이 있어요?

2) **열대야**로 잠을 못 자면 뭐 해요?

3) **한파**가 있을 때 뭘 조심해야 해요?

4) **폭염**에 하면 안 되는 것은 뭐예요?

5) **폭우**가 내려서 길이 물에 잠긴 것을 본 적이 있어요?

6) **폭설**이 내려서 대중교통을 이용하지 못한 적이 있어요?

7) 여러분 나라에도 가을에 **단풍** 구경을 가요?

8) 여러분 나라에도 미세먼지가 심한가요? **미세먼지**가 심할 때 어떻게 해요?

9) 곡식을 **수확하는** 가을에 추석이 있어요. 여러분 나라에도 추석 같은 명절이 있어요?

새단어 곡식

문법을 배워 봅시다.

-거든(요) 어떤 일에 대한 이유를 나타낼 때 사용한다.

- 가: 왜 이렇게 일찍 집에 가요?
  나: 오늘 부모님께서 한국에 **오시거든요**.
- 가: 너무 피곤해 보이는데 무슨 일이 있어요?
  나: 어제 과제 때문에 잠을 못 **잤거든요**.
- 가: 뚜안 씨가 왜 그렇게 인기가 많지요?
  나: 친절할 뿐만 아니라 **재미있거든요**.
- 가: 어디에서 쇼핑을 하면 좋을까요?
  나: 명동에 가 보세요. 거기 옷이 싸고 **예쁘거든요**.

배운 문법을 사용해서 이야기해 보세요.

보기

가: 요즘 얼굴이 안 좋아 보여요. 무슨 일이 있어요?
나: 네. 감기에 걸려서 몸이 안 좋거든요.

1) 왜 한국어를 배워요? ➡ _____

2) 지금 누가 제일 보고 싶어요? 왜요? ➡ _____

3) 좋아하는 연예인이 있어요? 왜요? ➡ _____

4) 좋아하는 한국 음식이 뭐예요? 왜요? ➡ _____

5) 무슨 계절을 좋아해요? 왜요? ➡ _____

6) 한국에서 가 보고 싶은 곳이 어디예요? 왜요? ➡ _____

7) 전공이 뭐예요? 왜 그 전공을 선택했어요? ➡ _____

8) 한국에 온 이유가 뭐예요? ➡ _____

9) 이번 주말에 같이 도서관에 갈래요? ➡ 미안해요. _____

10) 수업이 끝난 후에 같이 커피숍에 갈까요? ➡ 미안해요. _____

🔵 **자기 나라의 계절과 날씨에 대해 이야기해 봅시다.**

한국은 여름에 열대야가 있습니다. 열대야 때문에 사람들은 잠을 못 잡니다. 그래서 밤에 야식을 배달시키거나 한강에서 산책을 합니다. 강 근처에 있으면 조금 시원하거든요.

제7과 휴가철이라서 그런지 기차표가 없어요

수잔: 휴가철이라서 그런지 기차표가 없어요.
앙리: 입석밖에 없네요. 입석은 힘들겠지요?
마리: 네, 입석을 타 봤는데 너무 힘들었던 것 같아요.
수잔: 그럼 다른 날을 잡아서 가요.

➲ 질문에 답하세요.

1. 여러분 나라에도 입석이 있어요?

2. 여러분 나라에서는 언제 여행하기 힘들어요?

3. 여행을 가고 싶은데 표가 없으면 어떻게 해요?

새단어 휴가철   입석

◐ 교통편을 알아 봅시다.

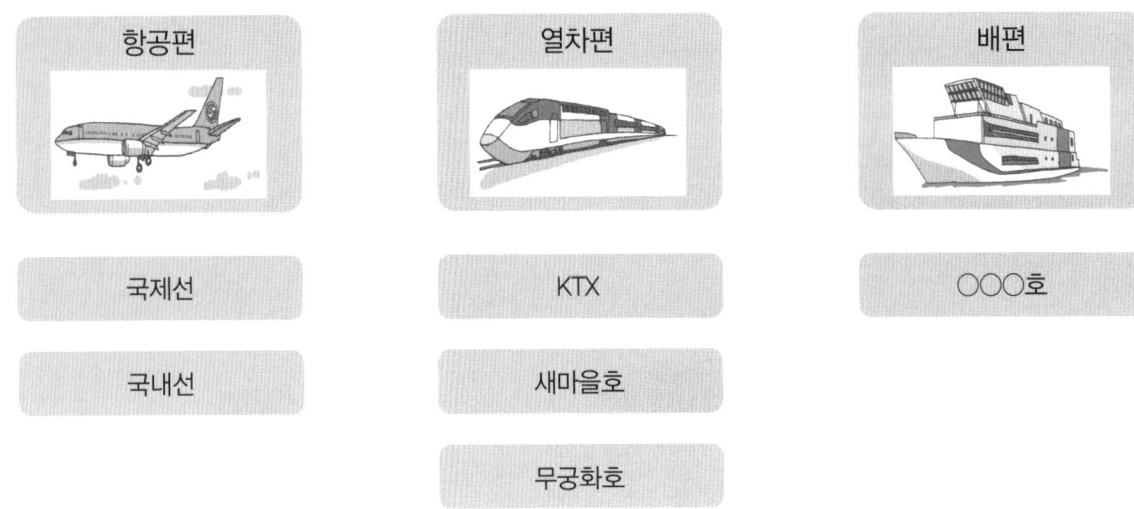

◐ 질문에 답하세요.

1) 여러분은 무엇을 타고 여행하는 것을 좋아해요?

2) 아직 타 보지 않았지만 타고 싶은 교통편이 있어요?

3) 여러분이 한국에서 타 본 교통편은 뭐예요?

4) 한국에서 이용하기 편한 교통편은 뭐예요?

5) 여러분 나라에만 있는 특별한 교통편이 있어요?

◐ 한국의 열차 예매 사이트를 알아 봅시다.

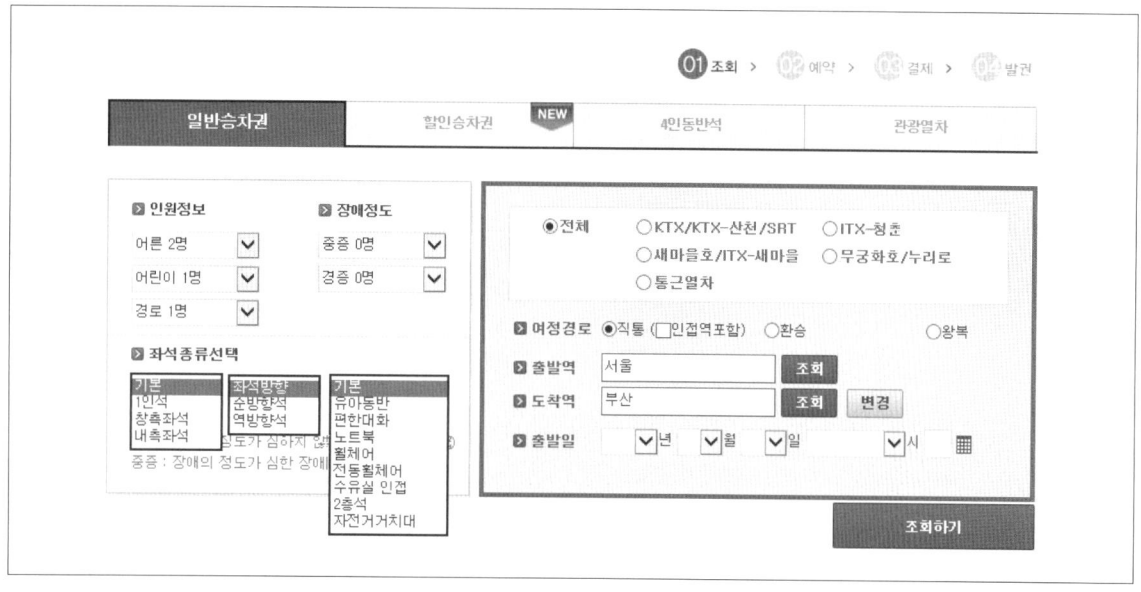

◐ 위 예매 사이트를 보고 질문에 답하세요.

1) 열차는 어디에서 출발해요?

2) 열차가 도착하는 곳은 어디예요?

3) 모두 몇 명이 여행을 가요?

4) 여러분이 앉고 싶은 자리는 어디예요?

5) 여러분 나라의 열차와 한국 열차는 어떤 차이가 있어요?

새단어   사이트   승차권   N측   동반   휠체어   수유실

🔸 **질문에 답하세요.**

1) 여행을 가면 주로 묵는 곳은 어디예요?

2) 여행을 간다면 어디에서 지내고 싶어요?

3) 여러분 나라로 여행을 갈 때 추천하고 싶은 숙소가 있어요?

새단어   숙소   묵다   추천

◐ 문법을 배워 봅시다.

-아서 그런지 앞의 상황이 뒷문장의 이유가 되지만 그 이유가 확실하지 않을 때 사용한다.

- 좋아하는 사람과 함께 **있어서 그런지** 더 즐겁네요.
- 너무 급하게 음식을 **먹어서 그런지** 체한 것 같아요.
- 날씨가 **추워져서 그런지** 따뜻한 국물을 먹고 싶다.
- 한국 친구가 **많아서 그런지** 한국어 실력이 빨리 느는 것 같아요.

◐ 배운 문법을 사용해서 이야기해 보세요.

1)

2)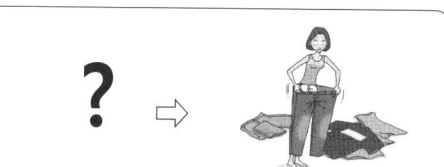

3)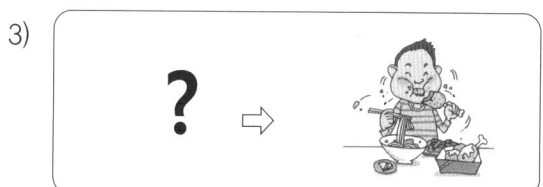

4)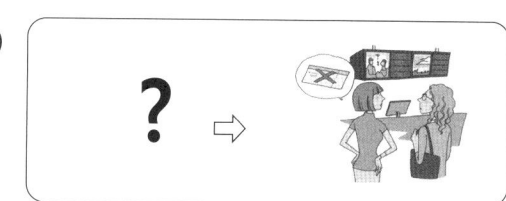

5)

6)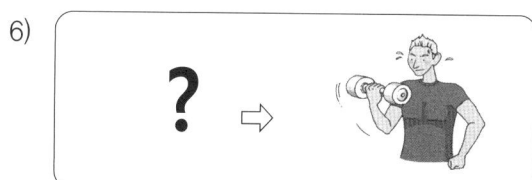

◐ 위 그림을 보고 문장을 만들어 보세요.

1) _____
2) _____
3) _____
4) _____
5) _____
6) _____

새단어 체하다   국물   실력   늘다

◯ 친구들과 여행 계획을 세워 봅시다.

여행지	기간	교통편	숙소	경비	할 일
부산	3박 4일 6. 23 ~ 6. 26	KTX	게스트하우스	숙소 20만원 교통비 15만원 식비 20만원 기타 30만원	수영하기 맛집 가기 관광하기

보기

저희가 이번 방학에 갈 곳은 부산입니다. 먼저 부산에서 무엇을 하면 좋을지 인터넷으로 검색했습니다. 역시 부산이 유명한 곳이라서 그런지 정보가 많더라고요. 저희는 3박 4일 동안 부산에 있기로 했습니다. 서울역에서 KTX를 타고 갈 겁니다. 숙소는 게스트하우스를 이용하기로 했는데 하루에 6만 원쯤 합니다. 세 명이 갈 거니까 숙박비는 괜찮은 것 같습니다. 그리고 부산에서 돼지국밥, 부산 떡볶이, 부산 팥빙수를 먹고, 광안대교를 구경하기로 했어요. 부산하면 역시 바다가 유명하니까 바다에도 갈 겁니다.

새단어 검색하다

제8과 친구들하고 갔었는데 한번 가 볼 만해요

마리: 한국의 재래시장에 가 봤어요?
뚜안: 그럼요, 친구들하고 갔었는데 한번 가 볼 만해요.
마리: 재래시장에 가면 뭐가 좋아요?
뚜안: 재미있는 물건도 많을 뿐만 아니라 음식도 맛있어서 좋아요.

➲ 질문에 답하세요.

1. 한국에서 재래시장에 가 봤어요?

2. 한국에서 가 본 곳은 어디예요?

3. 여러분 나라에 재미있는 시장이 있어요?

새단어   재래시장

🡲 가 보면 좋을 장소를 알아 봅시다.

찜질방

노래방

이색 카페

박물관

김치 박물관

떡 박물관

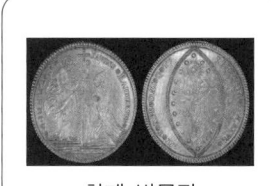
화폐 박물관

재래시장

수산 시장

한약재 시장

구제 시장

🡲 빈칸에 알맞은 표현을 넣어 보세요.

1) 가: 이번 추석에 송편을 만들어 봤는데 맛도 좋고 재미있었어.
   떡을 또 만들어 보고 싶은데 어디에서 만들 수 있지?
   나: (　　　　　　　)에 가면 외국인들도 떡 체험을 할 수 있대.

2) 가: 요즘 옷값이 너무 비싼 것 같아요. 싸게 살 수 있는 곳이 없을까요?
   나: 혹시 (　　　　　　　)(이)라고 들어 봤어요? 거기 가면 신기한 것도 구경할 수 있고 구제 옷도 싸게 살 수 있대요.
   가: 그런 곳이 있어요? 정말 재미있겠네요.

새단어　체험　　신기하다　　구제

3) 가: 친구들을 집으로 초대했는데 생선 요리를 하고 싶어요. 우리나라에서는 생선 요리가 유명하거든요.
   나: 그래요? 그럼 (   )에 가 볼래요? 거기에 가면 생선뿐만 아니라 다양한 해산물도 싸게 살 수 있어요.

4) 가: 일주일 동안 시험 때문에 제대로 쉬지도 못했는데 우리 (   )에 갈까?
   나: 그래. 사우나도 좀 하고 맛있는 것도 먹으면 피로가 풀릴 것 같아.

5) 가: 학교 앞에 생긴 (   )에 가 봤어요?
   나: 그림을 그리면서 커피를 마시는 카페요? 그림을 그릴 수 있는 재료를 주니까 공강 때 시간을 때우기 좋더라고요.

6) 가: 이번에 친구가 한국에 놀러 오는데 특별한 곳에 가고 싶어요. 좋은 곳이 있을까요?
   나: (   )은/는 어때요? 한국의 여러 김치도 구경하고 미리 예약하면 김치도 직접 만들어 볼 수 있어요.

7) 가: 얼마 전에 친구가 한국 돈을 보여줬는데 지금 쓰는 돈이 아니더라고요. 너무 신기했어요.
   나: 옛날 돈을 본 것 같네요. (   )에 가면 더 많은 돈을 볼 수 있어요. 나중에 같이 갈까요?

새단어   해산물   사우나   피로가 풀리다   시간을 때우다

제8과 친구들하고 갔었는데 한번 가 볼 만해요 51

질문에 답하세요.

1) 한국에서 찜질방에 가 봤어요?

2) 알고 있는 이색 카페가 있어요?

3) 박물관에 가는 것을 좋아해요?

4) 여러분 나라에 있는 특별한 박물관을 알려 주세요.

5) 한국 시장과 여러분 나라의 시장은 뭐가 달라요?

6) 학교 근처에서 가면 좋은 곳을 소개해 주세요.

◆ 문법을 배워 봅시다.

-아 볼 만하다   말하는 사람이 어떤 일을 해 볼 가치가 있다고 생각할 때 사용한다.

- 그곳은 한번 **가 볼 만해요**.
- 생각 보다 맛있는데요? **먹어 볼 만해요**.
- 그 일은 내가 한번 **해 볼 만한** 일인 것 같아요.
- 이 핸드폰이 가격은 싼데 아주 좋아. **써 볼 만해**.

◆ 배운 문법을 사용해서 이야기해 보세요.

1) 등산을 하는 것이 어때요?

2) 그 화장품이 어때요?

3) 한국에 있는 동안 뭘 하면 좋아요?

4) 애완동물을 기르고 싶은데 뭐가 좋아요?

5) 한복을 입어봤어요?

6) 태권도는 배우기 어렵지 않아요?

◆ 위 그림을 보고 문장을 만들어 보세요.

1) _____
2) _____
3) _____
4) _____
5) _____
6) _____

◗ 친구들에게 가 보면 좋을 곳을 소개해 봅시다.

어서 와! 여기는 처음이지?

보기

제가 사는 도시는 서울입니다. 서울에서 가 볼 만한 곳은 광장시장이에요. 거기에는 마약 김밥이라는 것이 유명한데 아마 외국인들도 좋아할 거예요. 그리고 싸고 좋은 구제 옷이 많으니까 적은 돈으로 쇼핑도 해 볼 만해요. 구경거리도 많으니까 외국인들에게 꼭 가 보라고 하고 싶어요.

↓

제9과 원숭이도 나무에서 떨어질 때가 있잖아요

선생님: 아이고, 이런 내가 이 문제를 틀렸네.
수 지: 선생님도 실수할 수 있어요. 원숭이도 나무에서 떨어질 때가 있잖아요.
선생님: 그래도 앞으로 문제를 잘 확인해야겠어.

질문에 답하세요.

1. 너무 잘하는 일인데 일을 할 때 실수를 한 적이 있어요?

2. 원숭이도 나무에서 떨어질 때가 있다는 말은 무슨 뜻일까요?

3. 여러분이 알고 있는 한국 속담이 있어요?

새단어 속담

◐ 속담을 배워 봅시다.

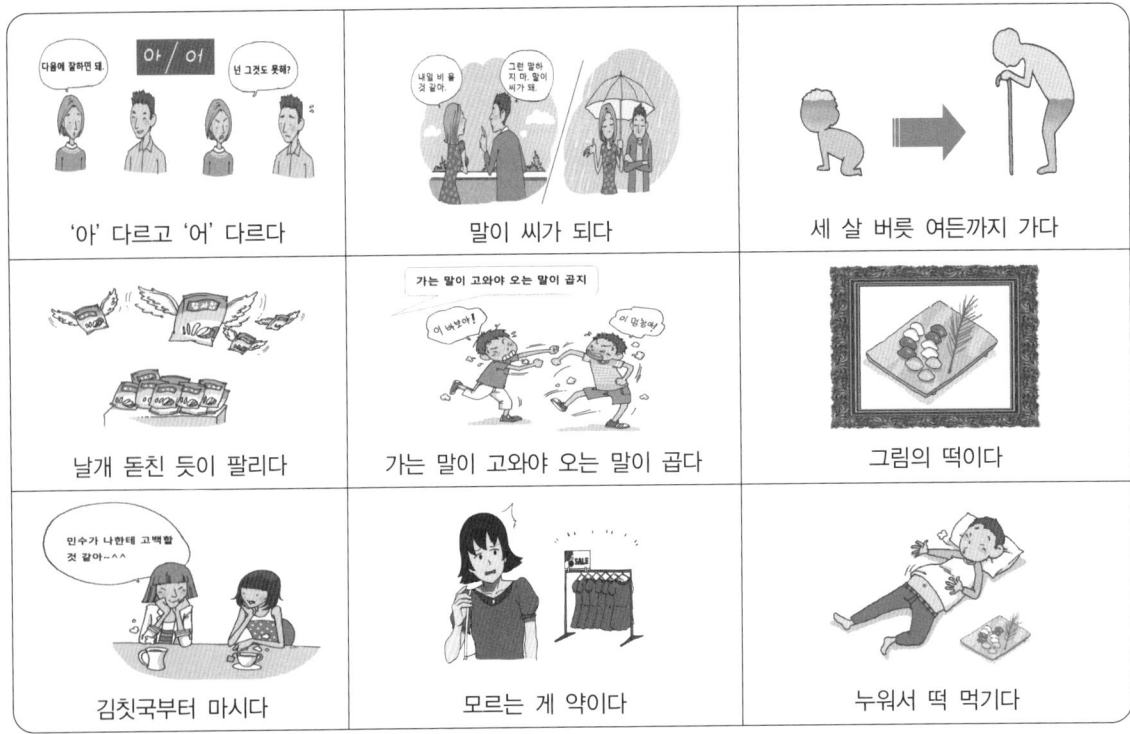

◐ 빈칸에 알맞은 표현을 넣어 보세요.

1) 가: 민수가 나한테 프러포즈할 줄 알았는데 아니었어.
   나: 왜 그렇게 생각했어?
   가: 지난주에 백화점에서 반지를 사는 걸 봤거든.
   나: 저런 (   )-았/었구나!

2) 가: 우리가 여행을 가려고 하면 꼭 비가 오던데... 설마 내일도 비가 오지 않겠지요?
   나: (   )-는/ㄴ다고 그런 얘기하지 마세요.

3) 가: 저 빵집에 왜 이렇게 사람들이 많아요?
   나: 저 빵집에서 만든 빵이 그렇게 맛있대요.
      만들자마자 (   )-아/어요.
   가: 그럼 우리도 한번 사 봐요.

4) 가: 다른 사람들은 다 잘하는데 왜 너만 못해?
   나: (   )-다고 같은 말이라도 다음에 더 잘하면 된다고 말하면 안 돼?
   가: 네가 너무 못하니까 답답해서 그래.

새단어   씨   버릇   여든   날개   곱다   설마

5) 가: 옷에 구멍이 났는데 어떻게 하지?
   나: 내가 금방 꿰매 줄게요. 이리 주세요.
   가: 이걸 꿰맬 수 있어요?
   나: 그럼요, 그런 일은 저에게 (   )이에요/예요.

6) 가: 왜 동생이랑 싸웠어?
   나: 내가 방청소를 하라고 잔소리를 좀 했는데 갑자기 화를 내잖아.
   가: (   )-다고 네가 먼저 동생에게 좋을 말을 했으면 되잖아.

7) 가: 저 가방 정말 예쁘다!
   나: 그러네요. 그런데 저게 천만 원이에요.
   가: 아이고, 저한테는 (   )인 가방이에요.

8) 가: 이 음식의 재료가 뭔지 알아요?
   나: 모르는데요. 뭐로 만들어요?
   가: (   )예요/이에요. 알면 먹고 싶지 않을걸요.

9) 가: 아이가 몇 살인데 아직 손가락을 빨아요?
   나: 8살인데 아직도 손가락을 빠네요.
   가: (   )-(느)ㄴ다고 나쁜 버릇은 빨리 고쳐야죠.

질문에 답하세요.

1) **원숭이도 나무에서 떨어질 때가 있다고** 실수를 한 적이 있어요?

2) 실제로 **말이 씨가 된** 일이 있었습니까?

3) **세 살 버릇이 여든까지 간다고** 아직도 가지고 있는 나쁜 버릇에는 뭐가 있어요?

4) 여러분 나라에서 **날개 돋친 듯이 팔린 물건**에는 뭐가 있었어요?

5) **아 다르고 어 다른** 말에는 무엇이 있을까요?

6) 사고 싶지만 **그림의 떡**인 물건이 있습니까?

7) **김칫국부터 마셔서** 창피했던 경험을 이야기해 보세요.

8) **모르는 게 약**인 상황을 말해 보세요.

9) 여러분에게 **누워서 떡 먹기** 같은 일은 무엇입니까?

새단어 구멍이 나다   꿰매다

◐ 배운 표현을 사용해서 대화를 만들어 보세요.

상황

가: _____
나: _____
가: _____
나: _____
가: _____
나: _____
가: _____
나: _____
가: _____
나: _____

제10과 한국어를 공부하는 김에 한국 시도 읽어 보려고요

수잔: 뭘 그렇게 열심히 읽고 있어요?

앙리: 한국어를 공부하는 김에 한국 시도 읽어 보려고요.

수잔: 시요? 시는 너무 어렵고 난해하지 않아요?

앙리: 아름답고 감동적인 시가 얼마나 많은데요. 수잔 씨도 한번 읽어 보세요.

질문에 답하세요.

1. 여러분은 시를 좋아해요?

2. 시라고 하면 어떤 느낌이에요?

3. 여러분이 알고 있는 시가 있어요?

새단어 시 난해하다 감동적

◐ 표현을 배워 봅시다.

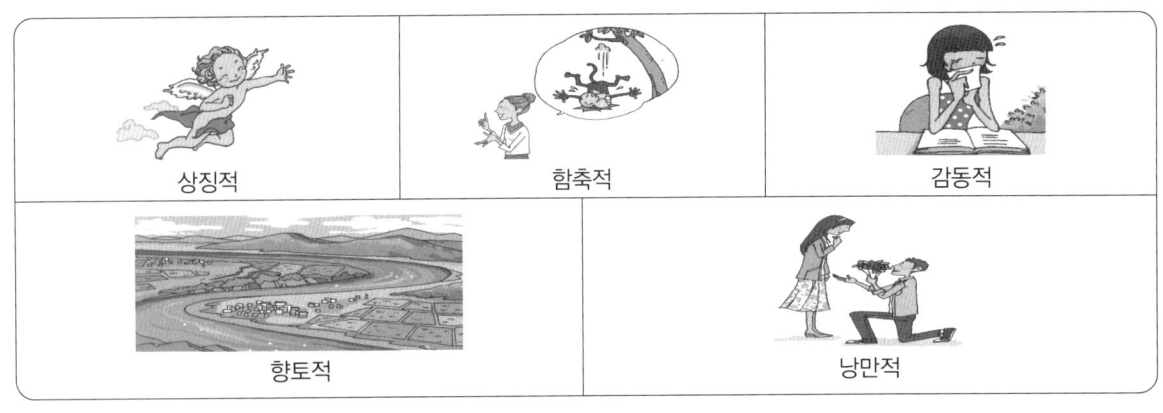

◐ 빈칸에 알맞은 표현을 넣어 보세요.

1) 가: 오늘 지영 씨의 기분이 좋아 보이네요.
   나: 어제 남자 친구한테 (   )인 프러포즈를 받았대요.

2) 가: 주말에 본 영화는 어땠어요?
   나: 너무 (   )이어서/여서 아직도 그 영화의 장면이 생각이 나요.

3) 가: 각 나라마다 그 나라는 대표하는 (   )인 건물이 있는 것 같아요.
   나: 맞아요. 전 여행을 가면 그런 곳은 꼭 가는 편이에요.

4) 가: (   )-아/어서 내는 과제가 있는데 어떻게 해야 할지 모르겠어.
   나: 시를 써 본 적이 없어서 힘들겠다.

5) 가: 주말마다 어디에 가는 거예요?
   나: 유명한 시인의 (   )-(으)ㄴ/는 모임이 있거든요.

6) 가: 이곳은 (   )인 느낌이 나서 너무 좋아요.
   나: 아마 민수 씨가 시골에서 태어나서 그런 것 같아요.

새단어   프러포즈   장면   시골

질문에 답하십시오.

1) 여러분은 시를 **낭송해** 본 적이 있어요?

2) 여러분은 지금까지 **시를 지어** 본 적이 있어요?

3) 여러분 나라에서 가장 **향토적**인 음식은 뭐예요?

4) 무엇을 **상징적**으로 알려주는 물건이나 동물이 있어요?

5) 지금까지 본 영화 중에 가장 **감동적**인 영화는 뭐예요?

6) 여러분은 **함축적**인 의미를 담고 있는 말을 알고 있어요?

◐ 문법을 배워 봅시다.

-는 김에 앞부분의 행동을 기회로 뒷부분의 행동이 더해질 때 사용한다.

- 일어난 김에 물 좀 가져다줄래?
- 출장을 간 김에 여행도 하고 왔어요.
- 방 청소를 하는 김에 옷장도 정리했어요.
- 친구의 선물을 사는 김에 부모님의 선물도 샀어요.

◐ 배운 문법을 사용해서 이야기해 보세요.

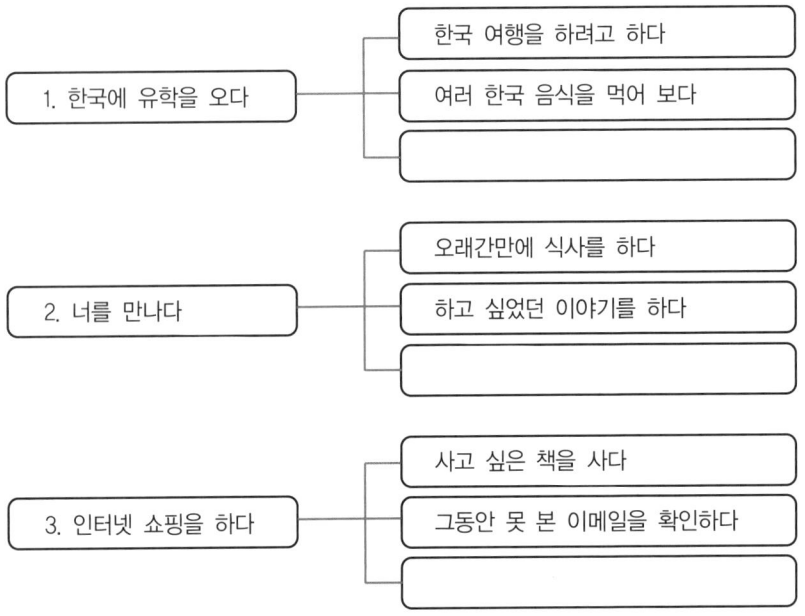

◐ 위의 글을 이용해서 문장을 만들어 보세요.

1) _____
2) _____
3) _____
4) _____
5) _____
6) _____

새단어 출장을 가다

◗ 시를 패러디해 봅시다.

천상병 시인의 '귀천' 패러디 시

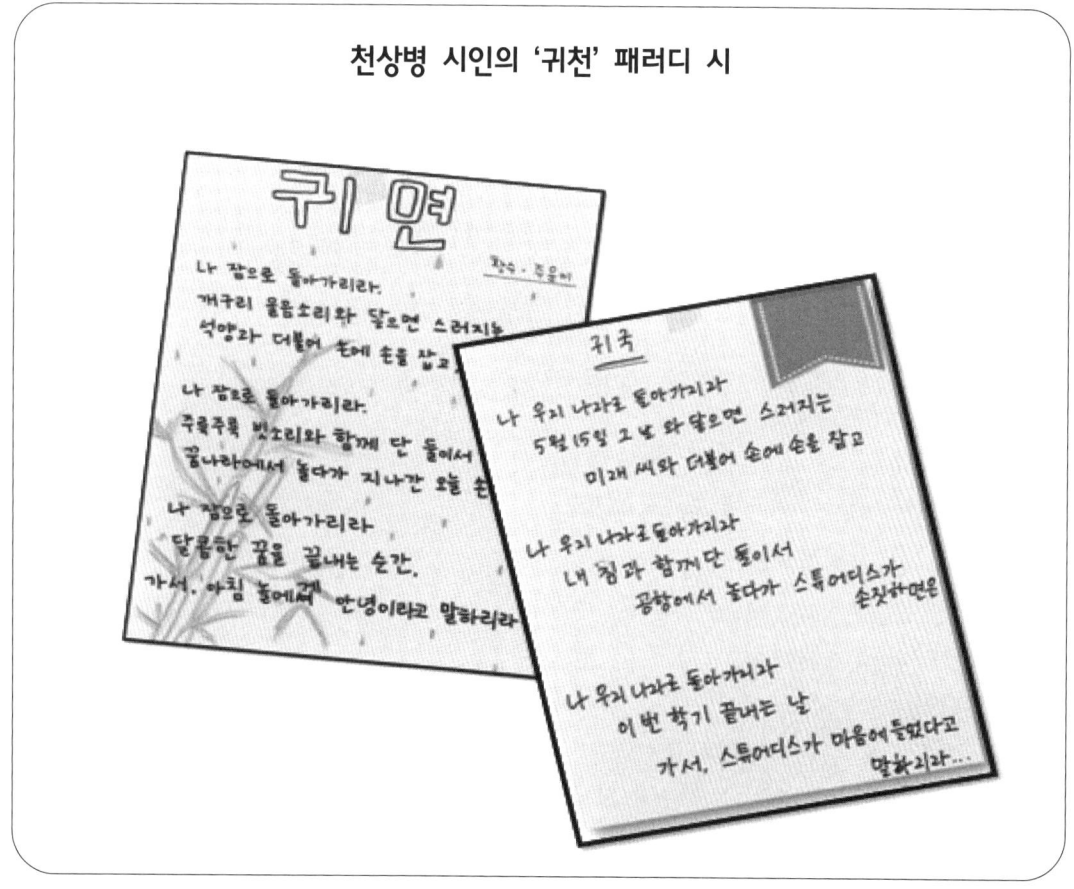

새단어 패러디

교재 정답

1과 아무리 바빠도 밥은 먹어야지

◐ 빈칸에 알맞은 표현을 넣어 보세요.(p.8)

1) 수강 신청을 했어
2) 중앙 도서관(중도)
3) 휴강, 보강
4) 팀플, 버스를 타려고
5) 학생 식당(학식)
6) 수강 정정을 해야겠어

◐ 배운 문법을 사용해서 이야기해 보세요.(p.9)

1) (아무리) 열심히 공부를 해도 성적이 나쁘니까 기분이 안 좋아요.
2) 그러게요. 요즘 (아무리) 밥을 먹어도 배가 계속 고파요.
3) 푹 잤는데 (아무리) 자도 졸려요.
4) 이상하게 (아무리) 옷을 사도 옷이 없어요.
5) (아무리) 귀찮아도 청소는 해야지요.
6) (아무리) 바빠도 식사는 해야지요.

2과 유쾌할 뿐만 아니라 마음이 따뜻한 사람이야

◐ 빈칸에 알맞은 표현을 넣어 보세요.(p.14)

1) 낯을 가려서
2) 차가워
3) 겁이 많아서
4) 다정하게
5) 소심한
6) 게을러서

◐ 배운 문법을 사용해서 이야기해 보세요.(p.16)

1) 그 가수는 노래를 잘할 뿐만 아니라 춤도 잘 춰요.
2) 기침을 많이 할 뿐만 아니라 콧물도 나요.
3) 뜨거울 뿐만 아니라 매웠어요.
4) 눈이 많이 올 뿐만 아니라 춥대요.
5) 네. 수영을 잘할 뿐만 아니라 스키도 잘 타요.
6) 저는 김치 만들기를 배울 뿐만 아니라 한국어도 공부할 거예요.

3과 여행을 갈까 고민 중이에요

◐ 빈칸에 알맞은 표현을 넣어 보세요.(p.20-21)

1) 불안해서요
2) 그리워요
3) 지루했어요
4) 귀찮아서
5) 안심하고
6) 속상해요
7) 섭섭했겠다
8) 만족스러운
9) 복잡해서
10) 망설여요?
11) 외로워요
12) 답답했을 때

◐ 배운 문법을 사용해서 이야기해 보세요.(p.22)

1) 늦잠을 잘까 일어날까 고민해요.
2) 비빔밥을 먹을까 햄버거를 먹을까 고민하고 있어요.
3) 영화를 볼까 쇼핑을 할까 고민 중이에요.
4) 친구에게 말을 할까 (하지) 말까 망설이고 있어요.
5) 아르바이트를 할까 여행을 갈까 생각 중이에요.
6) 월급이 많은 회사를 선택할까 휴가가 많은 회사를 선택할까 고민 중이에요.

4과 거기 김밥이 맛있었던 것 같아

◐ 빈칸에 알맞은 표현을 넣어 보세요.(p.26)

1) 배달앱
2) 할인 쿠폰
3) 테이크아웃
4) 요청사항
5) 맛집
6) 리뷰

◐ 배운 문법을 사용해서 이야기해 보세요.(p.28)

1) 몇 달 전에 길에서 초등학교 때 친구를 봤던 것 같아요.
2) 3년 전 생일에 가족들하고 같이 생일파티를 했던 것 같아요.
3) 고등학교 때 친구들하고 학교에서 정말 재미있게 놀았던 것 같아요.
4) 어렸을 때 동생이랑 시장에 가면 떡볶이를 자주 사먹었던 것 같아요.
5) 처음 한국에 왔을 때 배가 고파서 친구하고 같이 식당에서 비빔밥을 먹었던 것 같아요.
6) 작년 여름에 날씨가 정말 더웠던 것 같아요.
그래서 친구들하고 같이 바다에 가서 수영을 많이 했던 것 같아요.

5과 변기가 막혔나 봐

빈칸에 알맞은 표현을 넣어 보세요.(p.32-33)

1) 이상한 소리가 나요
2) 전구가 나갔는데
3) 수돗물이 안 나온대요
4) 보일러가 고장 난 것 같아 / A/S센터에
5) 변기가 막혔어
6) 물이 안 내려가요
7) 물이 새는
8) 전원이 나간 것
9) 수리하려면 / 고치려면

배운 문법을 사용해서 이야기해 보세요.(p.34)

1) 많이 먹는 걸 보니 배가 고팠나 봐요.
2) 오늘도 늦은 걸 보니 또 늦잠을 잤나 봐요.
3) 여자 친구가 화가 난 걸 보니 남자 친구가 잘못을 했나 봐요.
4) 딸이 혼나는 걸 보니 집에 늦게 들어 왔나 봐요.
5) 영화를 보면서 자는 걸 보니 피곤한가 봐요.
6) 영화관에 사람이 많은 걸 보니 이 영화가 인기인가 봐요.
   영화관에 사람이 많은 걸 보니 재미있는 영화가 개봉했나 봐요.

6과 폭염주의 문자를 받았거든

빈칸에 알맞은 표현을 넣어 보세요.(p.38)

1) 폭우가
2) 폭염이니까
3) 꽃샘추위라고
4) 단풍이
5) 미세먼지가
6) 폭설이

배운 문법을 사용해서 이야기해 보세요.(p.40)

1) 한국 친구하고 같이 이야기를 하고 싶거든요.
2) 엄마가 제일 보고 싶어요. 오늘이 엄마 생신이거든요.
3) 한국 아이돌을 좋아해요. 춤도 잘 추고 노래도 잘 부르거든요.
4) 비빔밥을 좋아해요. 건강에 좋은 음식이거든요.
5) 봄을 좋아해요. 예쁜 꽃이 많이 피어서 꽃구경을 할 수 있거든요.
6) 제주도에 가고 싶어요. 제주도에 가면 구경할 곳이 많다고 들었거든요.
7) 국어국문학이에요. 한국어에 관심이 많아서 조금 더 공부하고 싶었거든요.
8) 한국에서 대학교에 가고 싶거든요.
9) 이번 주말에는 친구 생일이라서 선물을 사러 갈 거거든요.
10) 다른 친구하고 같이 점심을 먹기로 했거든요.

7과 휴가철이라서 그런지 기차표가 없어요

◐ 위 예매 사이트를 보고 질문에 답하세요.(p.45)

1) 서울
2) 부산
3) 4명
4) 창측좌석 순방향석 유아동반

◐ 배운 문법을 사용해서 이야기해 보세요.(p.47)

1) 어제 늦게 자서 그런지 너무 피곤해요.
2) 스트레스를 많이 받아서 그런지 살이 많이 빠졌어요.
3) 점심을 안 먹어서 그런지 배가 고파서 많이 먹게 돼요.
4) 영화가 재미있어서 그런지 표가 없어요.
5) 그 식당의 음식이 맛있어서 그런지 손님이 많아요.
6) 매일 운동을 해서 그런지 건강해졌어요.

8과 친구들하고 갔었는데 한번 가 볼 만해요

◐ 빈칸에 알맞은 표현을 넣어 보세요.(p.50-51)

1) 떡 박물관
2) 구제 시장
3) 수산 시장
4) 찜질방
5) 이색 카페
6) 김치 박물관
7) 화폐 박물관

◐ 배운 문법을 사용해서 이야기해 보세요.(p.53)

1) 힘들지만 높은 곳에 가면 경치를 볼 수 있으니까 올라가 볼 만해요.
2) 싸고 품질이 좋아서 한번 써 볼 만해요.
3) 한국 전통 음식을 만들어 보세요.
   김치 만들기가 많이 어렵지 않아서 한번 만들어 볼 만해요.
4) 강아지가 애교가 많으니까 키워 볼 만해요.
5) 네. 한복을 입고 사진을 찍으면 정말 예뻐요. 한번 입어 볼 만해요.
6) 네. 정말 재미있어요. 배워 볼 만해요.

9과 원숭이도 나무에서 떨어질 때가 있잖아요

◆ 빈칸에 알맞은 표현을 넣어 보세요.(p.56-57)

1) 김칫국부터 마셨구나!
2) 말이 씨가 된다고
3) 날개 돋친 듯이 팔려요
4) '아'다르고 '어'다르다고
5) 누워서 떡먹기예요
6) 가는 말이 고와야 오는 말이 곱다고
7) 그림의 떡
8) 모르는 게 약이에요
9) 세 살 버릇 여든까지 간다고

10과 한국어를 공부하는 김에 한국 시도 읽어 보려고요

◆ 빈칸에 알맞은 표현을 넣어 보세요.(p.60)

1) 낭만적
2) 감동적
3) 상징적
4) 시를 지어서
5) 시를 낭송하는 / 시를 읊는
6) 향토적

◆ 배운 문법을 사용해서 이야기해 보세요.(p.62)

1) 한국에 유학을 온 김에 한국 여행을 하려고 해요.
2) 한국에 유학을 온 김에 한국의 여러 음식을 먹어 봤어요.
3) 너를 만난 김에 오래간만에 식사를 하고 싶어.
4) 너를 만난 김에 하고 싶었던 이야기를 해야겠어.
5) 인터넷 쇼핑을 하는 김에 사고 싶은 책을 샀어요.
6) 인터넷 쇼핑을 하는 김에 그동안 못 본 이메일을 확인해야겠어요.

새 단어

과	한국어	영어	중국어	일본어	베트남어	프랑스어
1	개강하다	to begin lectures (start of the school year)	开学, 開學	開講する	khai giảng	commencer/reprendre les cours (rentrée)
1	종강하다	to finish lectures (end of the school year)	结课, 終講	閉講する	bế giảng	finir les cours/le programme
1	수강 신청을 하다	course registration	听课申请, 選課	受講申請	đăng ký học	s'inscrire dans un cours
1	수강 정정을 하다	change courses	改课, 課程加退選	受講訂正	đổi môn	modifier/changer un cours
1	중앙	central	中央	中央	trung tâm, trung ương	central
1	휴강	class cancelation	停课	休講	nghỉ học	annulation de cours
1	보강	makeup lesson (supplementary lesson)	补讲, 補課	補講	học bù	cours de rattrapage
1	공강	free time between classes	空课, 空堂	空きコマ	trống tiết	temps libre (entre les cours)
1	팀플	team project	小组活动, 團體報告	グループ課題	làm nhóm	Projet de groupe
1	과목	course, subject	科目	科目	môn học	matière, discipline (scolaire)
1	개봉하다	to release	首映	開封する	trình chiếu	sortie (film)
1	날을 잡다	to set a date, to pick a date	定日子	日を決める	chọn ngày	fixer une date
1	짜증이 나다	to be irritated	心烦	イライラする	tức giận, bực mình	s'énerver, s'agacer
1	저렴하다	to be inexpensive, cheap	低廉, 廉價	安い	rẻ	peu coûteux, bon marché
1	과제	assignment	课题, 課題	課題	bài tập	devoir (université)
1	안부	regards, saying hello	近况, 問候	安否	hỏi thăm, vấn an	prendre des nouvelles, salutations
2	유쾌하다	to be pleasant, cheerful	愉快	愉快だ	khoan khoái, thoải mái	enjoué, plaisant, gai
2	무뚝뚝하다	to be blunt, brusque	笨拙, 冷冰冰	不愛想だ	cục cằn	brusque, rude
2	도도하다	to be arrogant	高傲	高慢だ	kiêu kỳ	arrogant, prétentieux, hautain
2	차갑다	to be cold	冷淡	冷たい	lạnh lùng	distant, froid, indifférent
2	다정하다	to be affectionate, kind	和藹	情深い、思いやりがある	đa cảm, tình cảm	tendre, affectueux
2	활발하다	to be lively, active	活泼, 活潑	活発だ	hoạt bát	actif, dynamique, plein d'énergie
2	낙천적이다	to be optimistic	乐观的, 樂天派	楽天的だ	lạc quan	optimiste
2	적극적이다	to be active, positive	积极的	積極的だ	tích cực	entreprenant, actif, participe
2	게으르다	to be lazy	懒惰的, 懶惰	怠惰だ	lười	paresseux, fainéant
2	소심하다	to be timid	胆小, 謹慎	気が小さい	rụt rè, ngại ngùng	(très) timide
2	낯을 가리다	to be shy with strangers	认生, 認生	人見知りをする	ngại người lạ	être timide en présence d'inconnus
2	겁이 많다	to have many fears (be afraid), cowardly	怯懦, 膽小	怖がり	nhát gan	peureux, craintif
2	인상	impression	印象	印象	ấn tượng	air, apparence
2	챙기다	take care of	照料	看みる	chăm lo	soigner

과	한국어	영어	중국어	일본어	베트남어	프랑스어
3	그립다	to miss	思念	懐かしい、恋しい	nhớ nhung	qui manque (inoubliable)
3	지루하다	to be boring	无聊, 無聊	退屈だ	buồn chán	ennuyeux, barbant
3	불안하다	to be uneasy, anxious	不安	不安だ	bất an	inquiet, anxieux, angoissé
3	망설이다	to hesitate	犹豫不决, 猶豫	ためらう	chần chừ, do dự	hésiter, tergiverser (entre plusieurs possibilités)
3	귀찮다	to be troublesome, annoying	讨厌, 厭煩	めんどくさい	phiền	gênant, embêtant, ennuyeux
3	답답하다	to be frustrated	死板, 煩悶	もどかしい、じれったい	bức bối	étouffant, suffocant, se sentir oppressé
3	속상하다	to be upset	伤心, 傷心	気を病む	buồn lòng	peiné, chagriné, affecté
3	복잡하다	to be complicated, crowded	复杂, 複雜	複雑だ	phức tạp	compliqué, complexe
3	외롭다	to feel lonely	孤独, 孤獨	寂しい	cô độc	seul, esseulé, solitaire
3	안심하다	to feel relieved, at ease	安心	安心する	an toàn, yên tâm	être rassuré, être tranquille
3	섭섭하다	to be sad, sorry, disappointed	难过, 依依不捨	寂しい、名残惜しい	thất vọng, tự ái	regrettable, être peiné, être navré
3	만족스럽다	to be satisfactory	满足	満足そうだ	hài lòng, thỏa mãn	satisfaisant, être content de
3	망치다	to ruin, to spoil	搞砸	台無しにする	hư, hỏng	gâcher, ruiner, rater
3	움직이다	to move	动, 動	動く、動かす	chuyển động	se mettre en mouvement, bouger
3	돌보다	to take care of	照顾, 照顧	世話をする、面倒を見る	chăm sóc	s'occuper de, prendre soin de
3	기억하다	to remember	记得, 記得	記憶する	ký ức, nhớ	se rappeler, se souvenir, retenir (faits)
3	성공적	successful	成功的	せいこうてき	tính thành công	qui a réussi
3	전시회	exhibition	展会, 展示會	展示会	triển lãm	exposition
3	관계	relationship	关系, 關係	関係	quan hệ	cause, relation, (qui est) lié à
3	동아리	club	社团, 社團	サークル	câu lạc bộ	club, association
3	유학	studying abroad	留学, 留學	留学	du học	études à l'étranger
3	취직	getting a job	入职, 就業	就職	tìm việc	embauche, obtention d'un emploi
3	경영학	business administration	经营学, 企業管理	経営学	khoa kinh tế	études de gestion
3	전공하다	to major in	功读, 主修	専攻する	chuyên ngành	se spécialiser en (majeure)
3	국제무역	international trade	国际贸易, 國際貿易	国際貿易	mậu dịch quốc tế	commerce international
3	입에 맞다	to suit ones taste	合口味, 合胃口	口に合う	vừa miệng	convenir à, être au goût de qn
3	환하다	to be bright	明亮, 敞亮	明るい、詳しい	sáng, tươi sáng	lumineux, ouvert, ensoleillé
4	배달앱	delivery app	外卖软件, 外送app	出前アプリ	ứng dụng ship đồ	application de commande et livraison à domicile
4	메뉴	menu	菜单, 菜單	メニュー	thực đơn	menu, carte
4	리뷰	review	评价, 評論	レビュー	đánh giá	revue critique, commentaire
4	정보	information	信息, 情報	情報	thông tin	information
4	할인 쿠폰	discount cupon	折价券, 折價券	割引クーポン	phiếu giảm giá	bon de réduction
4	맛집	tasty restaurant	美食店	美味しい店	quán ăn ngon	restaurant
4	요청사항	request matter	备注, 要求事項	要請事項	nội dung yêu cầu	demande, requête
4	결제금액	paymant amount	结算金额, 結帳金額	決済金額	số tiền thanh toán	total (paiement)

과	한국어	영어	중국어	일본어	베트남어	프랑스어
4	이벤트	event	活动, 活動	イベント	sự kiện	évènement, action promotionelle
4	테이크아웃	take out	外卖, 帶走	持ち帰り	mang về	à emporter
4	일회용품	one-use product	一次性用品	使い捨ての品	đồ dùng một lần	objet jetable
4	반품하다	to return product	退换货, 退貨	返品する	trả hàng	renvoyer, retourner
5	막히다	to be blocked, to be clogged	堵, 堵塞	詰まる	bị tắc	obstruer, boucher
5	관리실	management office	管理室	管理室	phòng quản lý	bureau du concierge
5	(물이) 새다	to have water leak	漏	漏れる	rò nước	fuite d'eau
5	변기	toilet	马桶, 馬桶	便器	bồn cầu	cuvette des toilettes
5	보일러	boiler	锅炉, 暖氣	ボイラー	hệ thống sưởi	chaudière
5	전구	light bulb	灯泡, 燈泡	電球	đèn	ampoule électrique
5	수돗물	tap water	自来水	水道水	nước máy	eau du robnet
5	전원	electricity, power	电源, 電源	電源	nguồn điện	courant électrique
5	A/S센터	service center	A/S客户服务中心, 客服中心	アフターサービスセンター	A/S center	centre de service après-vente
5	접수	reception	接受, 受理	受付	sự tiếp nhận	réception, saisie, prise de possession
5	수리하다	to repair, to fix	修理	修理する	sửa chữa	réparer, dépanner
5	공사	construction	工程	工事	công trình	travaux de contruction
5	당장	immediately	立刻	すぐ、直ちに	ngay lập tức	immédiatement, tout de suite
5	웬 N	some, certain N	什么, 有個N	どんな、なんという	gì, nào, đó	quel
5	얼룩	stain, spot	斑点, 斑點	染み、斑点	vết bẩn	tache, trace, salissure
5	작동하다	to operate (a machine)	运转, 啟動	作動する、動く	tác động	fonctionner, marcher, opérer
5	접수하다	to receive, to sign up	接收, 受理	受け付ける	tiếp nhận	réceptionner
5	고객	customer	客人, 顧客	顧客	khách hàng	client, clientèle
5	가능하다	to be possible	可能	可能だ	có khả năng, có thể	possible
5	당황하다	fluster, to be confused	慌张, 驚慌	慌てる、戸惑う	hoang mang	embarrassé, confus, décontenancé, déconcerté
6	폭염	heat wave	炎热, 酷暑	猛暑	siêu nóng	canicule
6	꽃샘추위	the last coldness	春寒	花冷え	rét nàng bân	gel printanier
6	미세먼지	fine dust	微尘, 微塵	微細ホコリ、PM 2.5	bụi mịn	particules fines (pollution)
6	열대야	tropical night	热带夜	熱帯夜	đêm nhiệt đới	nuit tropicale
6	폭우	heavy rain	暴雨	暴雨	mưa lớn	averse, déluge
6	단풍	autumn leaves	枫叶, 楓葉	紅葉	lá mùa thu	teinte automnale, feuillage d'automne
6	수확	harvest	收获, 收成	収穫	thu hoạch	récolte, moisson, vendange
6	폭설	heavy snow	暴雪	豪雪	tuyết lớn	tempête de neige
6	한파	cold wave	寒流	寒波	đợt lạnh, đợt rét	vague de froid
6	홍수	flood	洪水	洪水	hồng thùy	inondation
6	체감	to feel (temprature change)	体感, 體感	体感	cảm nhận bằng cơ thể	éprouver, faire l'expérience de
6	끊기다	to be cut off	中斷	切られる、絶やされる	kết thúc	se couper, se casser, perdre, s'arrêter
6	곡식	grain	照顾	穀食	ngũ cốc	grains, céréales
7	휴가철	vacation season	休假期	休暇シーズン	kì nghỉ	le temps des vacances
7	입석	standing space	站票	立見席	chỗ đứng	place debout (bus, théâtre)
7	사이트	site	网站, 網站	サイト	trang web	site internet

과	한국어	영어	중국어	일본어	베트남어	프랑스어
7	승차권	boarding ticket	车票, 車票	乗車券	vé lên xe	titre de transport
7	N측	Nside	N侧	～側	phía, bên	côté
7	동반	companion, to accompany	同伴, 同行	同伴	đồng hành	accompagnement (aller/faire ensemble)
7	휠체어	wheelchair	轮椅, 輪椅	車いす	xe lăn, ghế đẩy	fauteuil roulant
7	수유실	room for breast feeding	哺乳室	授乳室	phòng y tá	salle d'allaitement
7	직통	direct	直达	直通	sự đi thẳng	ligne directe
7	환승	transfer	换乘	換乗	sự đổi tuyến	correspondance
7	숙소	accomodation	住处, 住所	宿所	kí túc xá	hébergement, logement
7	묵다	to stay, lodge	停留, 住宿	泊まる	ở trọ, trọ lại	séjourner, passer la nuit
7	추천	recommend	举荐	すいせん	sự tiến cử	recommandation
7	체하다	to have an upset stomach	伤食, 積食	胃もたれする	đầy bụng, khó tiêu	simuler, feindre
7	국물	soup, brth	汤, 湯	汁	nước canh	bouillon, jus
7	실력	skill, ability	实力, 實力	実力	thực lực	compétence, talent, point fort
7	늘다	to increase, improve	提升, 增加	増える	tăng lên	améliorer, augmenter, élargir, gagner en
7	검색하다	search; browse	检索, 檢索	検索する	kiểm tra, tra xét	faire des recherches
8	재래시장	traditional market	传统市场	在來市場	chợ truyền thống	marché traditionnel
8	찜질방	korean sauna	桑拿中心, 蒸氣房	サウナ	phòng xông hơi	sauna "coréen"
8	노래방	singing room	练歌房, KTV	カラオケ	quán karaoke	salle karaoké
8	이색 카페	unique café	特色咖啡馆	異色カフェ	quán café đặc biệt	café à thème, original
8	떡 박물관	museum of rice cakes	年糕博物馆	餅博物館	bảo tàng bánh gạo	musée du tteok
8	체험	experience	体验, 體驗	体験	trải nghiệm	expérience
8	신기하다	amazing, wonderful	神奇	不思議だ	thần kỳ	merveilleux, fantastique, incroyable
8	구제	used	二手	救済	cứu trợ, cứu tế	salut, sauvetage, assistance
8	해산물	seafood	海鲜, 水產	海産物	hải sản	fruits de mer
8	사우나	sauna	桑拿	サウナ	xông hơi	sauna
8	피로가 풀리다	to relieve fatigue	解除疲劳	疲労が解ける	giải tỏa căng thẳng	se débrasser de la fatigue
8	시간을 때우다	to fill in the time	打发时间	時間をつぶす	Dành thời gian	tuer le temps
9	속담	proverb	谚语, 諺語	諺ことわざ	tục ngữ	proverbe, dicton, adage
9	씨	seed	种子	種	hạt giống	grainé, semence
9	버릇	habit	习惯, 習慣	癖	thói quen	habitude, usage
9	여든	eighty	八十	八十	tám mươi	quatre-vingt
9	날개	wings	翅膀	翼	cánh	aile
9	곱다	to be beautiful	美	美しい,綺麗	đẹp/cong	beau
9	설마	no way	难道, 恐怕	まさか	chẳng lẽ, không lẽ	ne me dis pas que..., quand même pas...?
10	시	poem	诗	詩	thơ	poème
10	난해하다	difficult	难解	難解だ	khó hiểu	obscur
10	감동적	touching	感人的	感動的	tính cảm động	émouvant
10	프러포즈	propose	提议, 建议	プロポーズ	Cầu hôn	demande en mariage
10	장면	scene	场面	場面	cảnh	scène
10	시골	the country	乡下, 农村	田舎	miền quê, vùng quê	campagne
10	출장을 가다	go on a business trip	出差	出張に行く	đi công tác	aller en voyage d'affaires
10	패러디	parody	讽刺性的模仿	パロディー	parody	parodie